JN410484

너의 강가에 서서

너의 강가에 서서

이병란 첫 시조집

동행

첫 시조집을 내며

남한강 기슭에 자리한 농촌에서 자란 나는 어릴 때부터 독서와 낙서를 즐겼고, 중학교 때부터 문예반에서 글짓기를 하며 문학소녀의 꿈을 키웠습니다.

교육대학에 다닐 때도 문예반 동아리 활동에 적극적으로 참여하며, 학내에서 뿐만 아니라 일주일에 한 번 시내 다방에 모여 시에 관한 공부를 하고, 시화전 한다며 엉성한 솜씨로 그림을 그리고 시를 쓰면서 내 청춘은 꿈과 낭만으로 가득 찼었습니다.

교직에 몸담으면서 독서를 즐기고 일기를 꾸준히 쓰는 등 문학에 대한 끈은 놓지 않고 가슴속 깊이 간직하고 있었지만, 문학소녀의 꿈은 세파에 밀려 다른 곳으로 흘러갔습니다.

교단에서 내려온 후에도 하는 일 없이 바빠서 여러 해를 허비하고, 집 근처 문예 창작반에 들어가서 훌륭한 스승님을 만나 우리 민족 고유의 뿌리 문학인 시조의 매력에 푹 빠져들었습니다.

아름다운 민족 전통의 얼을 지켜가는 시조의 멋에 끌려서 시조 시인으로 등단하며 어린 시절의 꿈에 다가섰을 때 한없이

기뻤습니다. 독자에게 감명을 줄 수 있는 명작을 쓰고 싶은 마음은 간절했지만 늘 한계에 부딪히기에 꾸준히 문예 창작 교실을 드나들며 습작하고 있습니다.

첫 시조집을 내려고 준비하면서 너무나 부족하고 보잘것없는 글이라 선뜻 민낯을 드러내 보이는 게 매우 부끄럽지만, 나 자신의 열정을 쏟아부은 열매이기에 기꺼이 용기를 내어 사랑이 충만하신 주님과 스승님의 자상한 지도와 격려에 감사하며 첫 시조집을 내놓습니다.

항상 섬세하게 지도해 주시고 졸작에 대한 과찬의 서평을 써 주신 참 스승님이신 존경하는 이광녕 교수님과 송파 문예 창작반의 김현신 선생님, 동문수학한 문예 창작 교실의 정겨운 문우들과 말없이 격려해 주고 응원해 준 사랑하는 남편과 딸들에게 감사의 인사를 전합니다.

2024년 4월

지윤 **이 병 란**

CONTENTS

CONTENTS

CONTENTS

제3부 나의 보물 가계부

CONTENTS

CONTENTS

제1부

아름다운 동행

너의 강가에 서서 / 행복한 여자 / 사랑
봄바람의 속삭임 / 봄맞이 / 어느 날 문득
나 / 천생연분 / 빛바래지 않는 그대
어느 날 갑자기 / 장바구니에 깃든 춤
아름다운 동행 / 삶의 등불 / 첫사랑
늪에서 / 동반자 / 고추잠자리
봄의 왈츠 / 외가 가는 길 / 어머니의 짐 보따리
외가의 너른 뒷마당 / 봄을 기다리며 / 분꽃 씨앗
첨세병(添歲餠)의 꽃 / 온열 매트 / 봄비 속의 연인

너의 강가에 서서

깍지 낀 두 손 모아 강가에 다가서니
화사한 언어들이 수면 위로 춤추면서
빛 고운
추억을 몰고
가슴 깊이 파고든다.

맘 열면 밀려드는 맑고도 차가운 정
그리움 엽서 접어 꿈꾸는 희열 품고
사랑이
빛바래지 않을
내 염원을 띄워본다.

행복한 여자

햇살이 기웃대는 넓은 창 카페에서
옛 벗과 함께 앉아 눈빛을 주고받고
허즐럿 커피 한 잔에 수다 떨며 늘어진다.

오랜만에 피어나는 주렁주렁 추억들은
맞잡은 환희 속에 까르르 녹아들고
여심은 소녀가 되어 행복 속에 폭 빠진다.

사랑

시름은 맑은 물에
말끔히 씻어내어

눈 부신 햇살 아래
펼쳐서 말려두고

둘이서 연리지처럼
손 맞잡고 뻗어가자.

꽃다발 안개꽃 무더기 속
노란 튤립 다섯 송이

친구들 축하하는
마음의 햇살 같아

황금빛 노래 부르며
자꾸자꾸 안아본다.

봄바람의 속삭임

봄바람 등 떠밀어 동산에 올라가면
옷자락 흔들면서 놀자고 소곤대며
정든 벗 만난 것처럼
손잡으며 반긴다.

바람의 속삭임에 저절로 흥이 나서
두 손을 펼쳐 들어 손뼉을 짝짝 치고
내 마음 두둥실 둥실
임을 향해 떠간다.

봄맞이

미나리 달래 냉이 취나물 부추 넣어
고추장 간장 손맛 버무려 입에 물면
봄 냄새 입안에 가득
웃음꽃을 피우네.

갖가지 봄나물에 진달래꽃 곱게 앉혀
화전을 부쳐놓고 오랜 벗 불러내니
한잔 술 마주하면서
얼씨구나 좋구나.

어느 날 문득

긴 세월 잊었는데 불현듯 떠오르며
가슴이 울컥울컥
가늠하기 힘든 상처
또다시 되살아나서 아픔으로 새겨진다.

해묵은 안절부절 갈대처럼 흔들려도
산 같은 상심 고통
입술 닫고 견뎠는데
여태껏 잊고 산 가슴 왜 이렇게 찢어지나.

나

허물은 포용하고 된바람엔 순응하며
누구도 미워 않고 손잡고 미소 짓는
가슴엔 '소박하다'는
이름표 단 순한 여자.

가끔은 비바람에 휘어지고 흔들려도
궂은 일 마다 않고 앞장서서 솔선하는
뿌리는 깊고도 곧은
속정 깊은 갈대라오.

천생연분

하수도 역류해도 수도꼭지 졸졸 새도
내 반쪽 불러대면 바로 척척 고쳐내어
우리 집 만능 해결사 추켜 주면 싱글벙글.

언제나 어디서나 늘 지켜준 내 버팀목
쿵 작작 마음 합해 알뜰살뜰 살림 일궈
꽃길을 함께 걸으니 천생연분 여기 있네.

빛바래지 않는 그대

언제나 그림자처럼
발맞춰 함께 걷고

어쩌다 투정 내면
씩 웃으며 바라보니

그 얼굴 태양 빛처럼
화창하게 빛나네.

어느 날 갑자기

열 받은 젊은 날엔 추운 날도 더웠는데
목도리 칭칭 감고 이불 속 똬리 틀고
된바람 몰아쳐 오면 잠에 빠진 곰이 된다.

엄청난 회오리 속 그 용기는 어디 갔나,
설한풍 닥쳐와도 눈 깜짝 않았는데
방패도 부러졌는가 줄행랑쳐 꽁무니다.

겁먹은 노익장이 비실비실 물러서고
등 굽은 노파 얼굴 저 멀리서 손짓하니
무쇠도 녹여버리던 그 뱃심이 그리워라.

장바구니에 깃든 춤

식구들 입에 맞춰 골라잡은 먹거리들
양손에 가득한 짐 버겁지만 가벼워서
콧노래 흥얼거리니 어깨춤이 절로 난다.

뼈마디 오독오독 무릎 삐걱 휘청대도
양념에 손맛 보태 가족 건강 꿈 그리니
내딛는 발걸음마다 으라차차 좋구나.

아름다운 동행

땅 위에 피어나는 하 많은 풀꽃 중에
천생의 연분으로 두 손 잡은 들꽃 송이
찬 세월 비바람 속에 흔들리며 피어났네.

모진 풍파 가시밭길 힘겨워 쓰러지면
버팀목 지팡이로 때론 업고 부여안고
오늘도 아름다운 동행 꽃의 전설 빛나네.

삶의 등불

어릴 적 흔들리며 큰 시험에 빠졌을 때
험난한 수렁에서 손잡아 건져내고
밝은 빛 인도해 주신
크신 사랑 따릅니다.

고뇌의 질긴 사슬 끊지 못해 허덕일 때
언제나 내 곁에서 등불로 밝혀주신
크나큰 그대의 사랑
반짝반짝 빛납니다.

첫사랑

어설픈 삶의 여정 풋풋했던 한때의 꿈
사랑이 무엇인지 어림도 못 재면서
콩콩콩 뛰던 가슴은
별이 되어 총총 떴다.

꽃향기 피어나는 숲속에서 마주 앉아
두 손 꼭 부여잡고 까만 밤을 지새우던
첫사랑 달콤한 추억
노을빛에 다시 뜬다.

늪에서

강풍에 넘어지고 찬 서리에 부대끼니
가슴이 뛰는 일도 뜨겁던 그 열정도
점점점 사위어 가는
불씨처럼 꺼져가네.

서슬 퍼런 세월 속에 무뎌진 칼날인가,
설렘과 기쁨 따윈 허공으로 흩어지고
어둠 속 심연의 늪에서
버둥대며 맴도네.

동반자

세상에 피어나는 수많은 꽃 중에서
비바람 불어오고 어려움이 닥쳐와도
사랑 꽃 활짝 피우며 함께하는 우리 둘.

같은 곳 바라보며 꽃길을 걷기도 하고
때로는 세찬 풍파 가시밭길 헤쳐내고
오붓한 아름다운 동행 웃으면서 달려가요.

고추잠자리

여름내 달구어진
태양 빛 빨간 정열

매운맛 날개 펼쳐
훠이훠이 춤을 추며

가을볕 재촉하니까
오곡백과 영그네.

봄의 왈츠

민들레 노란 얼굴 여기저기 방실방실
철쭉은 꽃등 열어 불 밝힐 채비하고
햇살은 흥겹게 춤추는
아름다운 꽃세상.

높다란 벚나무엔 몽실몽실 분홍 물결
수줍은 진달래는 나무 곁에 숨어 웃고
쿵 작작, 연인들 손 잡고
신난 햇살 춤춘다.

외가 가는 길

어머니 손을 잡고 굽이굽이 십리 길에
오솔길 산새 소리 솔향기 벗 삼으니
정다운 모녀의 속삭임 발걸음도 가볍다.

외양간 누렁이는 어서 오라 눈인사고
반가운 외할머닌 버선발로 반색하니
달려가 품에 안기면 온 세상이 내 것이다.

어머니의 짐 보따리

잔뜩 진 등짐에다 양손 모두 짐 보따리
오일장 빙빙 돌던, 등 굽은 고달픈 삶
자식들 굶기지 않으려
몸 던지신 내 어머니.

병환이 깊어지자 짐 보따린 떠났지만
마음엔 더 무거운 짐 살려달라 애원했네
뒤늦게 가슴을 치는
철이 늦은 소녀 마음.

외가의 너른 뒷마당

둘러싼 나무 사이 우뚝 선 감나무 밑
감꽃이 떨어지면 꿰어 단 목걸이로
친구랑 소꿉놀이하던 그 놀이터 그리워라.

닭장 안 둥우리엔 소망 품은 씨암탉
채소밭 상추 고추 푸릇푸릇 손짓하던
어릴 적 뛰놀던 천국 내 가슴에 살아있다.

봄을 기다리며

오른손 엄지 검지엔
가시밭 펼쳐있네

겨우내 까칠까칠
앙탈을 부렸는데

봄 햇살 활짝 깃들면
제 얼굴빛 살아날까.

분꽃 씨앗

까맣고 둥근 몸통
또르르 굴려보니

수줍은 색시처럼
배시시 웃으면서

봄바람
정겨운 햇살
고운 임을 찾는대요.

첨세병(添歲餠)의 꽃

김치를 송송 썰어 탁탁탁 다지면서
삭아진 기운 땜에 힘에 부쳐 애타지만
'최고야 할머니 만두',
엄지척에 힘을 낸다.

꾀부려 사 온 만두 인기 없던 생각 나서
젖 먹던 힘을 짜서 김치를 다져 넣고
설 명절 첨세병(添歲餠)의 꽃
화려하게 피우리라.

온열 매트

따스함 품고 있는
내리막길 인생 단짝

삶의 질 높여 주는
이불 속 온정이라

포근한 그 힘에 끌려
애인인 듯 안겨든다.

봄비 속의 연인

메마른 대지 위에
봄비가 적셔주니

순정의 첫 입맞춤
그 달콤함 번져 들며

아련한
사랑의 밀어
앙가슴에 파고드네.

제2부

작은 꽃들의 꿈

옥상 친구들 / 삶의 찬가
농부의 마음으로 / 엄마의 마음 / 옥상 놀이터
여름 아침에 / 땅강아지의 슬픔
꽃씨를 남기며 / 유도화
천사의 나팔꽃 / 돼지감자꽃 / 봄 햇살의 무도회
태풍 이겨 낸 나팔꽃 / 작은 꽃들의 꿈
군자란 삼 형제 / 도시 농부의 아침

옥상 친구들

옥상에 올라가면 꽃 벗들이 너도나도
옷자락 간질이며 놀자고 잡아끈다
채송화
천사의 나팔꽃
모두 모두 반겨준다.

폭염을 이겨내 온 선홍빛 고추 아씨
나팔꽃 유도화도 고개 살랑 반겨주니
여기는
하늘 정원이야
천국이 따로 없네.

삶의 찬가

오래전 꿈꾸던 일
요즘에 다다라서
새싹이 돋아나와 반가이 손짓하여
열여덟 풋사랑 만난 그리움에 설레네.

이제는 나의 삶 속
텃밭에 들어앉아
새싹에 물 뿌리고 거름을 잘 주면서
풍성한 열매 맺도록 부지런히 가꾸려네.

농부의 마음으로

옥상에 심어놓은 고추 모종 비상 발생
한 포기 꺾여 있고 두 포기 뽑혀 있네
누굴까 얄미운 훼방꾼
알 길 없어 안타깝다.

마음을 다해 심고 뿌리라도 살려내려
손길로 어루만져 물 주고 북돋우며
잘 커서 주렁주렁 정성
열리기를 빌어준다.

엄마의 마음

부러진 고추 모종 뿌리를 살려내서
세 갈래 줄기 뻗어 하얀 꽃 피우는데
훼방꾼 진딧물 생겨
하릴없이 한숨 쉬네.

손으로 하나하나 잡아내고 씻어내어
고난을 이겨내고 주렁주렁 열리라고
정성을 다하는 마음
자식 사랑 엄마라네.

옥상 놀이터

옥상은 텃밭이자 손자 손녀 놀이터다
달리기 시합으로 나란히 달려가서
결승점
담장 밑에서
아옹다옹 다툰다.

양쪽에 고추 화분 상추 화분 사잇길로
간발의 차이로서 누나가 앞섰는데
동생은
이겼다 하고
떼를 쓰며 우긴다.

여름 아침에

기도로 새벽 열어
오늘 할 일 묵상하고

옥상의 꽃 벗들과
잘 잤느냐 인사하며

정 담아 물을 주면서
잘 살라고 속삭인다.

땅강아지의 슬픔

빼앗긴 삶의 터전
철거민의 슬픔인가,
돼지감자 캐내려고 화분 흙 파헤치니
잽싸게 제집 속으로 파고드는 땅강아지.

띠 두른 땅강아지
화분가를 맴맴 돌며
살던 집 무너진 게 그리도 슬프던지
혼자만 빙빙 돌면서 하염없이 울고 있다.

꽃씨를 남기며

그리움 송송 맺혀 매달린 봉지마다
누렇게 변해 가며 까매진 알곡들이
터질 듯 흔들리면서 데려가라 손짓한다.

향긋한 그 냄새와 환한 웃음 고대하며
설레는 가슴으로 내년을 기약하려
이름표 고이 남기며 마음 가득 담는다.

유도화

고운 임 기다리며
부끄러움 잊었나 봐

뜨거운 햇볕 아래
저리도 당당하게

진홍빛
불타는 가슴
아낌없이 펼쳤네.

천사의 나팔꽃

화사한 연노랑 옷
살포시 차려입고

수십여 나팔수들
따따따 불어대며

다 함께 천사의 소리
세상 향해 연주한다.

돼지감자꽃

높다란 하늘 미소
해바라기 닮은 얼굴

수확의 훼방꾼이라
눈 딱 감고 참수하니

망나니 따로 없다며
뚱딴지가 울먹이네.

봄 햇살의 무도회

민들레 노란 웃음 방실방실 춤추는데
불꽃 등 치켜들고 빛 뿌리는 햇살 아씨
엉덩이 들썩거리며
철쭉 위로 넘나든다.

상추 싹 도란도란 나팔꽃 싹 생글생글
돌 틈새 좁쌀 냉이 키 크려고 도움닫기
모두가 행복한 몸짓
봄 햇살의 무도회다.

태풍 이겨 낸 나팔꽃

성난 태풍 밤을 새워
억세게 몰아쳐도

아침 열며 방긋 웃고
하늘 향해 얼굴 들어

힘차게 꽃 나팔 부니
온 세상이 다 환하다.

작은 꽃들의 꿈

고추꽃 하얀 미소 보일 듯 말 듯 해도
푸릇한 작은 꿈을 조롱조롱 매달고서
날마다 매운맛 더하며 붉은 꿈을 향해 간다.

가지꽃 연보랏빛 송이송이 펼치고서
길쭉한 방망이를 주렁주렁 늘어뜨려
짙푸른 보랏빛으로 고운 꿈을 키워간다.

토마토꽃 샛노랗게 별처럼 반짝이며
꿈 송이 올망졸망 빨간 꿈을 펼쳐 가니
손녀야 네 꽃 가슴에도 푸른 꿈을 키워보렴.

군자란 삼 형제

커다란 한 둥지에 오순도순 사이좋게
해마다 꽃을 피워 향취를 더하더니
코로나
삼 년 동안엔
잠만 자고 있었다네.

올봄엔 반갑게도 포기마다 꽃대 세워
날마다 힘을 써서 주홍빛 미소 띠니
삼 형제,
기지개 켜고
호탕하게 웃어보렴.

도시 농부의 아침

새벽같이 눈을 뜨고 옥상 텃밭 올라가서
짙푸른 친구들과 두루두루 눈 맞추며
농부가 읊조리면서 못된 잡초 뽑아낸다.

보랏빛 가지 가족, 초록 친구 고추 호박
싱글벙글 주렁주렁 날마다 몸통 키워
풍성한 잔치 벌이니 농심 절로 시심 된다.

제3부

나의 보물 가계부

난(蘭) 이름 자랑 / 성탄의 큰 선물 / 김치전
나의 보물 가계부 / 마약 김밥
좁쌀 선생의 변(辯) / 내 고향 이포(梨浦) / 코로나 떠나가라
어느 경비원의 출근길 / 동병상련 / 트로트 열풍
건각(健脚) / 올망졸망 꼬맹이들 / 흥망성쇠(興亡盛衰)
눈물 젖은 헌금 / 못난이의 독백 / 강아지 엄마
삼일절에 / 낮잠 자는 방아깨비 / 가을은 어느새 내 곁에
인생길 거듭나기 / 복음의 향기 속에
마음 비우며 살기 / 배움 꽃의 향기
노을빛 바라보며 / 흔적을 지우며

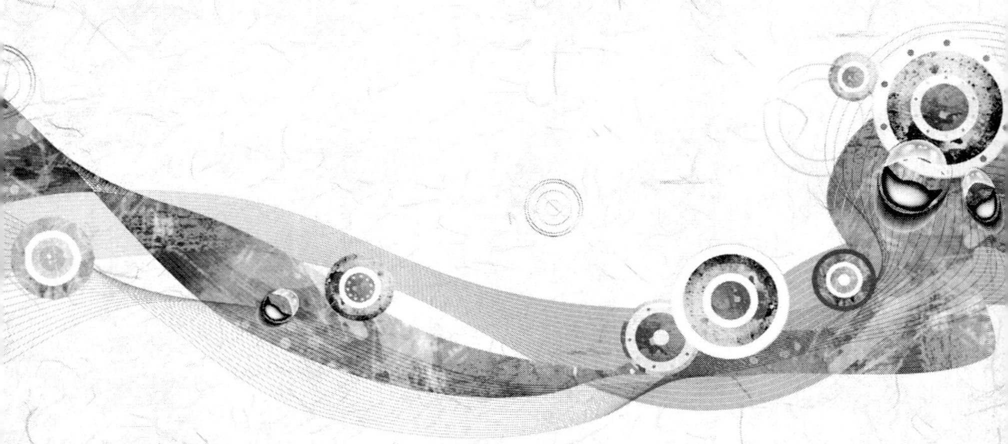

난(蘭) 이름 자랑

값비싼 난초 갖고 내 앞에서 자랑 마라
말하고 글도 쓰는 난초가 여기 있지
이름에 난초 난(蘭)자 있다
뻐기면서 으스댄다.

필란이, 현란이로 이름을 바꿔 볼까
친구들 시샘하며 깔깔깔 웃어대니
정다운 만남의 자리
들썩들썩 춤을 춘다.

성탄의 큰 선물

성탄절 이른 아침 천사 한 명 나타났다
산타 할아버지가 선물 주고 가셨다고
웃으며
함성 지르는
손자 녀석 참 귀엽다.

다섯 살 아이 마음 과자부터 꺼내 들고
환하게 웃는 얼굴 천사가 따로 없지
웃음꽃
활짝 피어난
우리 집은 천국이다.

김치전

김치를 송송 썰고 양파채 애호박채
밀가루 두루 섞어 노릇노릇 익혀 내면
외손녀 웃으며 먹고 엄지척 올려준다.

식구들 둘러앉아 맛나게 먹는 모습
보기만 하더라도 배부르고 신이 나서
흥겹게 어깨춤 추듯 장단치며 또 굽는다.

나의 보물 가계부

하루도 빠짐없이 꼼꼼히 쓴 기록부
아이 둘 낳은 비용 간식비 교육비며
웃음도 안타까움도 절절히 배어 있다.

월급의 절반 아껴 알뜰살뜰 모아서
집 장만 빚낸 돈을 갚아간 내력들도
가끔씩 들춰보면서 함박웃음 짓는다.

수십 년 하루같이 함께한 나의 보물
풍성한 노년 삶의 밑거름이 되었기에
내 삶을 되돌아보며 꿈을 잡고 적는다.

마약 김밥

스팸 햄 김밥만을 즐겨 찾는 우리 손녀
건강히 잘 크려면 채소도 먹어야지
도무지 막무가내다,
내 아무리 달래봐도.

마약 밥 끊으라고 겁을 주며 놀려대도
싫다고 도리도리 철판 깐 입상 아씨
어쩌나, 한숨이 가득
복장 터진 이 할미다.

좁쌀 선생의 변(辯)

선생님 출신들은 모두 다 좁쌀이야,
지인의 볼멘소리 웃으며 받아넘겨
아무렴, 좁쌀알 셀 듯 섬세하고 정확하지.

통 크고 허풍 세면 교육에 지장 많아
진리를 명확하고 바르게 가르치며
좀생이 소리 들어도 올곧은 게 좋은 거지.

내 고향 이포(梨浦)

빛나는 금빛 모래 금사(金沙)면 포구 마을
옛 천양 나루터는 사라져 아쉽지만
쭉 뻗은 이포대교로
사통팔달 좋구나.

백로의 높은 기품 담아낸 이포보에
달콤한 금사참외 맛과 향 그윽하니
포근한 어머님 품 같은
우리 고향 새롭다.

코로나 떠나가라

저마다 얼굴에는 마스크로 무장하니
마음껏 마주하며 말을 못해 안타깝고
친구들 만나질 못해 그리움만 쌓여가네.

상쾌한 숨을 쉬고 호탕하게 웃을 날들
머잖아 찾아오길 애타게 기다리며
코로나 떠나가라고 목청 높여 외친다.

어느 경비원의 출근길

어두움 떨쳐내고 새벽길 활짝 열며
자전거 페달 밟고 힘차게 젓는 발길
매달린 삶의 버거움
등 뒤에서 잡아끈다.

휘청이는 삶의 무게 짓눌린 어깨 등짐
슬픔은 꾹꾹 눌러 자식 얼굴 떠올리면
작지만 커다란 행복
등 뒤에서 밀어준다.

동병상련

푸짐한 몸집 탓에 무릎 탈이 심해져서
걸을 때 삐걱대니
병원 문턱 다 닳겠네
오늘도 연골액 주입해 화난 무릎 달래본다.

대기 중 진료실 앞 눈길 끄는 중년 여인
내민 배가 큰 산인데
팔다리도 통나무다
젊은이 앞날이 어떨지 괜히 자꾸 돌아본다.

트로트 열풍

주옥같은 노랫말에
셈여림 박 멋진 꺾기

저절로 빠져드는
쿵 짝 풍에 휩싸이니

인생사
애절한 사연
눈 녹듯이 스러진다.

건각(健脚)

줄 두 번 돌리면서 한 번에 넘는 쌩쌩이
초등학교 일학년이 쉰네 번 넘었다네
내 평생 최고 기록은 열두 번이 고작인데.

또래 중 탁월하다니 기특한 우리 손자
남 위한 배려심과 고운 맘씨 더욱 키워
건각(健脚)에 지혜를 더해 이 나라의 동량 돼라.

올망졸망 꼬맹이들

푸르른 길가에는
꽃무리가 깔깔대고

꿈나무들 올망졸망
동심의 띠 둘렀으니

저 눈빛 똘망똘망해
어둔 세상 밝혀준다.

흥망성쇠(興亡盛衰)

암세포도 생명체라 누군가가 말했지만
암적인 질긴 녀석 흥하면 망조 드네
아무렴, 흥청망청 말고 유비무환 방비하세.

암 균이 성케 되면 쇠하게 될 운명이니
혹시라도 몸속에서 기승을 부려대면
오로지 억척스럽게 총력투병 이겨내세.

눈물 젖은 헌금

형편이 넉넉잖은 그 장로님 큰 손일세
좋은 일 있나 보다 로또라도 당첨 됐나
머릿속 상상이 둥둥
뭉게뭉게 떠오른다.

주일 날 슬쩍 만나 은근히 맘 떠보니
마나님 암 진단비 눈물 젖은 돈이라네
어쩌나 내 가슴도 아려
쾌유기도 듬뿍했네.

못난이의 독백

겉으론 멀쩡해도
속 빈 강정 이내 신세

겁 없이 설치다간
큰 탈이 날 듯하여

슬며시 고개를 숙여
도리질만 한다네.

강아지 엄마

품속에 금지옥엽 아기 안은 앳된 엄마
눈 비비고 가만 보니 잠자는 건 강아지네
어떡해,
깜빡 속아서
헛웃음이 절로 난다.

단발머리 아가씨야 엄마놀이 재미있냐
강아지 포대기엔 아기 울음 떠도는데
벼랑 끝
인구절벽엔
황혼빛만 스며든다.

삼일절에

오늘은 만세 만세 이 나라가 우뚝 선 날
설레며 뛰는 가슴 태극기를 휘날리니
민족혼 펄럭거리며 그 위용을 떨치네.

낯 뜨거운 얼굴들이 독립 만세 잊었는가,
백여 가구 골목길에 단 두 곳만 태극기니
유관순 애국 충심이 땅을 치며 통곡한다.

낮잠 자는 방아깨비

도심 속 높은 건물 일개미들 분주한데
햇살이 드나들며
키워낸 정원수 위
무성한 박주가리엔 방아깨비 한가롭네.

쉼 없는 인생 열차 열불 나면 어떡해요
박주가리 끌어안고
낮잠 빠진 방아깨비
부럽네, 시끄러워도 요지부동 삼매경이.

가을은 어느새 내 곁에

한여름 찜통더위 펄펄 끓고 기승떨 때
입맛은 떨어지고 꼼짝하기 싫어지니
더위야 물러가거라 시원한 날 그립구나.

계절은 섭리대로 갈바람 몰고 오고
높푸른 하늘에는 고추짱아 맴맴 도니
어느새 내 곁에 와서 미소 짓는 가을이네.

인생길 거듭나기

망가진 이를 뽑고 서너 달 잇몸 굳혀
잇몸에 나사 박는 호된 시련 견뎌내고
새 소망 향하는 투지
가시밭길 험악했네.

마취제 놓을 때는 으악 소리 절로 나고
고개가 절레절레 겨운 순간 넘겼더니
마침내 꽃길이 보이며
새 세상이 열렸네.

복음의 향기 속에

꿈과 사랑 가득히 찬 은혜의 동산 향해
가슴이 콩닥콩닥 발걸음 재촉하며
주님께 향하는 길은
향기로운 꽃길일세.

한아름 은총 가득 생명의 말씀 듣고
형제자매 함께 먹는 꿀송이 점심 식사
그윽한 복음의 향기
하늘 높이 퍼져가네.

마음 비우며 살기

조급증 버리자고
수없이 다짐해도

타고난 급한 불길
쉽사리 안 꺼지네

그래도,
비우고 비워
태평가를 불러보세.

배움 꽃의 향기

푸른 꿈 가득 안고
배움터 가는 길에

잰걸음 재촉하며
풍월로 흥흥대니

선비 향 절로 피어나
그 향기가 물씬 난다.

노을빛 바라보며

몸과 맘 따로 놀아
실수가 잦아지고

옛 벗의 부음 들려
가슴을 후벼파니

내 인생
되새기면서
탄로가를 읊어 본다.

흔적을 지우며

머리칼 검게 변신 젊은 모습 되찾고서
살살이 살펴보니 방바닥엔 검은 흔적
나는야 젊어졌는데 방 씨 얼굴 늙어졌네.

머리만 회춘하지 방 선생은 무슨 죈가
스스로 꼬집으며 부끄러움 없애려고
애써서 지우려 해도 얼룩 씰룩 혀 내미네.

제4부

휴휴암의 갯메꽃

평강 공주 / 시화전 데이트
배용순 여사를 기리며 / 안양예술공원에서
강화 평화전망대에서 / 에덴정원에서
먼드래재 시선(詩仙)들 / 휴휴암의 갯메꽃
수련원에서 / 산에 오르면 / 봄꽃의 연인을 그리며
감악산 출렁다리 / 화석정 / 하산길 낙상
덕수궁, 품계석을 보고 / 석어당(昔御堂) 살구나무
황매화 / 냉이꽃 / 석촌동 고분군에서
지리산에 안겨서 / 땅꼬마 민들레꽃

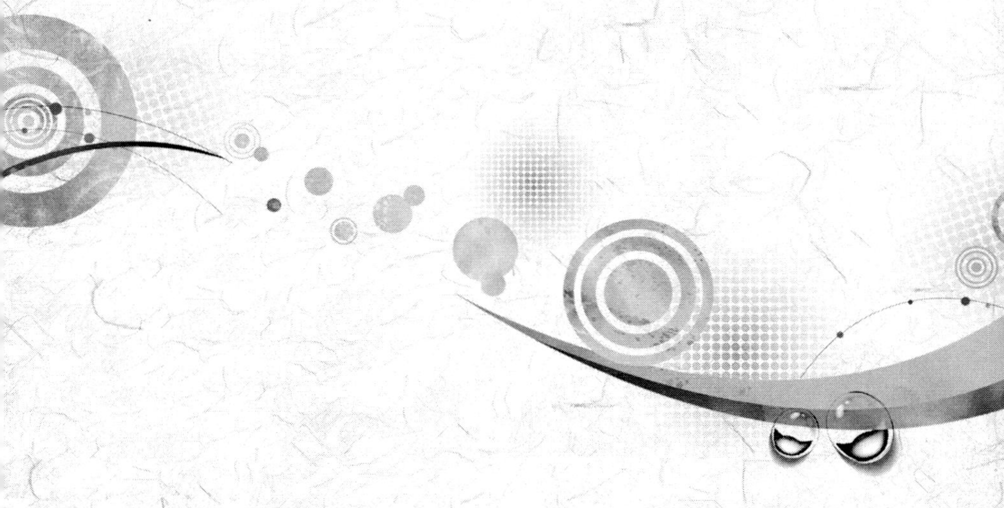

평강 공주

바보 신세 훌쩍 넘고
연분을 꽃 피워서

낭군님 수련시켜
온달 장군 우뚝 서니

만천하 내조의 여왕
그 슬기가 으뜸일세.

시화전 데이트

갈바람 일렁이는 아차산 산책로에
한마당 펼쳐놓은 시선들의 풍류 잔치
흰 구름
두둥실 둥실
기웃대며 훔쳐본다.

설렘을 가득 안고 임과 함께 걷는 발길
그윽한 문향(文香) 따라 꽃동산에 빠져드니
해님도
구름 사이로
함박웃음 터뜨린다.

배용순 여사를 기리며

장부가 세운 큰 뜻 여필종부 감내하고

가문 계승 모범 효부 구국 충절 다하시니

장하다, 여인의 의지 뭇 여성의 사표일세.

* 배용순 여사 : 윤봉길 의사의 부인

안양예술공원에서

유원지에 예술 입혀 변신한 곳 접어드니
바위에 암각된 마애종*이 반기는데
천년을 종 치는 스님 그 미소가 자애롭다.

안양천 계곡 따라 갖가지 조형 예술
박물관 볼거리에 먹거리도 풍성하고
도심 속 치유의 공간 다채로워 천국 같네.

안양정 쉼터에서 셋이서 수다 떠니
졸졸졸 흐르면서 맑은 냇물 듣고 가며
반백 년 우정을 담은 박장대소 퍼뜨린다.

* 마애종 : 안양예술공원 내 주차장 바로 앞에 넓적한 바위 면에 새겨진 국내 유일의 마애종으로 종을 치는 동자승도 새겨져 있다.

강화 평화전망대에서

전망대 밑 초소근무 해병 장교 낭군 따라
민통선 드나들던 옛 시절이 떠오르니
첫아이 배불뚝이로 주말부부 다시 된 듯.

북녘 강산 마을 모습 사방팔방 둘러보니
가슴 속 차오른 감회 새록새록 피어나서
새아기 탄생하듯이 통일의 문 열렸으면.

에덴정원에서

뜨락의 잔디 풀꽃 하트 손짓 반겨주고
소나무 잎새에는 싱그러움 가득가득
봄 햇살 활짝 펴지며
어서 오라 말을 건다.

담장 가엔 줄지은 치커리 상추 오이
집 앞뜰 그네에는 정이 깃든 웃음 가득
내 가슴 가화만사성
시심 꽃도 절로 피네.

먼드래재 시선(詩仙)들

짙푸른 먼드래재 무릉도원 찾아들어
설레는 가슴 열어 정담을 주고받으니
저절로 시선이 되어 환호성 절로 인다.

연못엔 물고기들 힐끔힐끔 엿보는데
진미를 차려놓은 정 목청껏 칭송하며
한마음 풍류 가락에 시향 널리 퍼져간다.

휴휴암의 갯메꽃

바위틈 모래 속에 발을 뻗고 손을 올려
해맑은 미소 띠고 나팔을 출렁대며
초여름
바람결 따라
황어 떼와 합주해요.

쉬면서 나를 봐요, 나도 여기 한몫해요
날 보러 또 오세요, 수줍은 색시여요
휴휴암
참 볼거리는
분홍 나팔 바로 나.

수련원에서

가슴이 두근두근 설렘을 부여잡고
한적한 산기슭에 다가와 살펴보니
집들이 옹기종기 둘러앉은 아늑한 터.

널따란 운동장엔 아이들 활기차고
젊음의 아름다움 여기에 활짝 피니
덩달아 춤을 추면서 어울리고 싶구나.

산에 오르면

꼭대기 바로 앞둔 깔딱 고개 오르자면
저절로 숨이 차서 헉헉헉 힘들어도
정상에 턱 올라서면
환호성이 절로 난다.

산 위에 부는 바람 언제나 시원하며
한잔 물 들이켜니 감로수 따로 없고
산 아래 멀리 펼쳐진
황금들판 내 것이다.

봄꽃의 연인을 그리며

언덕에 우뚝 솟은 맥아더 장군 동상
그 아래 꽃 무리가 화려함을 뽐내는데
아득한 추억의 연인 다가오며 미소 짓네.

달콤한 속삭임에 들뜨던 옛날 그때
손잡고 앉아 있던 그 자리 어디인지
도무지 찾을 수 없어도 꽃향기는 여전하네.

감악산 출렁다리

아득히 높이 올라
가물가물 내려보니

저 아래 골짜기 물
굽이굽이 흘러가고

붉은색 펼친 옷자락
흔들흔들 웃어댄다.

화석정

왜란 때 강 언덕에
등댓불로 환히 밝힌

율곡의 선견지명
탄복하며 올라 보니

낙엽이 옛정을 살려
팔세부시(八歲賦詩) 읊어준다.

하산길 낙상

낙엽에 헛발 디뎌
조심조차 허사 되고

오른발 삐끗하여
엉덩방아 찧고 나니

발등엔 두꺼비 한 마리
올라앉아 심통이다.

덕수궁, 품계석을 보고

정일품 종일품 뒤
차례차례 정구품까지

갈라선 문무백관
장엄하게 늘어서서

임금님 지엄한 뜻을
헤아리며 조아린다.

석어당(昔御堂) 살구나무

예전에 임금님이
머물렀던 곳이라서

지켜선 살구나무
지금도 일편단심

살며시
단심을 따서
어전 향해 진상할까.

황매화

문 앞서 기다리던
환한 미소 우리 엄마

샛노란 꽃불 들고
방글대는 너를 닮아

엄마 품 안겨들 듯이
달려가서 눈 맞춘다.

냉이꽃

가로수 둥치 곁에
용케도 터를 잡고

소금을 뿌린 듯이
확 퍼지는 작은 웃음

햇살을 조물거리며
하얀 꿈을 펼쳐 뵌다.

석촌동 고분군*에서

송림에 둘러싸인 너른 터에 옹기종기
먼 옛날 위례 한성 터 잡았던 조상님들
솔 향기 분향 올리니 그 목소리 들려오네.

백제 시대 역사 문화 천년을 거슬러 올라
천하를 호령하던 그 위세를 그려보니
안일한 나의 모습이 부끄러워 눈을 감네.

* 석촌동 고분군은 서울 송파구 석촌동에 있는 송파구 한성 백제 유적지며 돌무지무덤(적석총)으로 1975년 5월 27일에 사적 제243호로 지정됨.

지리산에 안겨서

난생처음 만나 보는
그 절경에 휘둥그레

볼 붉힌 만산홍엽
시심을 일깨우니

지리산 품에 안겨서
절로 절로 시선 됐네.

땅꼬마 민들레꽃

돌 쌓은 옛 무덤가 떼 지어 핀 민들레꽃
널따란 잔디밭엔 사방팔방 노란 웃음
고개만 겨우 쳐들고 바닥에 핀 수많은 너.

잔디를 살리려고 깎아내며 뽑아내도
끈질긴 생명력은 하늘 향해 뻗어 가니
왕성한 번식력 때문에 탄식하며 돌아선다.

제5부

들꽃의 노래(자유시선)

무섬 외나무다리

마을 둑에 앉아
저 멀리 아스라이 펼쳐진
외나무다리를 눈으로만 건넌다
많은 사람이 오가는데
나만 홀로 고장 난 다리를 주무르며
눈으로만 몇 번이나 건너간다

다리, 다리, 다리
너른 금빛 모래밭을
굽이굽이 돌아 흐르는 푸른 강물은
가버린 사람까지 불러 다리 회상에 젖게 한다

옛날을 곱씹어보며 쓴웃음을 삼키는데
바람은 간질이듯 속살거리고
키다리 코스모스가 한들한들 손짓하며

기지개를 켜고 슬며시 미소 지으면서
말을 건네온다
“아가씨, 제가 손잡아 드릴 게 외나무다리 건너봐요.”

나는 어느새
하늘하늘 키다리 소녀가 되어 있었지만,
툭툭 무릎을 치며
다시 돌아올 수 없는 내 안의 외나무다리를
또 건너고 있었다

여심(女心)

눈빛과 눈빛이 만나던 날
한 송이 꽃으로 피어나던
그대와 나
카페 창문에 어른거린다

창밖엔 줄줄이 서행하는 차량
손 흔들어 주는 가로수 잎사귀
바라만 보아도 웃음꽃 피어나는
우리,
멀리서 손뼉 치며 웃는
산을 바라보고 있었다

은은히 젖어 드는 선율
커피 향에 묻어나는 진한 눈물
말 없는 여심을 적시고

가슴으로 걸어온 길들이
잎사귀처럼 흔들거린다

때론 가득한 희열의 꽃
하염없이 피어나는 느린 햇살 꽃
묻혔다 다시 떠오르는
지난 사랑 꽃

시공을 훨훨 날며
다시 한번 기지개를 켜보는
카페 창가에서
한 잔의 커피로 넘쳐흐르는
인연의 끈을 부여잡고
또 한 송이의 꽃을 피운다

그리움이란 것
–어버이날에

어머님의 유해를 뿌린 강물이
푸르게 흘러갑니다
수목장 한 선산 큰 나무 밑에선
아버님이 흘러가는 강물을
바라보시는 듯합니다

그리워지는 부모님
어버이날이면 더욱 보고 싶은
부모님 생각에 가슴이 아립니다

지난 시절 농촌에 터전을 두었어도
논마지기도 없이
알량한 밭뙈기와 구멍가게로
생계를 이어가시던 아버지,
보따리장수로 여기저기 돌며

곡식, 고추, 마늘 등을 팔며
힘들게 살다 가신 어머니

부모님은 자식에게 부담 주지 않으려고
화장하라고 하시며
흘러가는 강물에
선산의 큰 나무 밑에 영면하셨습니다

흘러가는 강물도, 선산의 나무 밑도
자주 찾아뵙지 못하는 불효에
그리움만 가득 안고 울어봅니다

생각이 앞서가셨던 부모님,
자식을 위해 살다 가신 부모님,
그리움이 사무치는 오늘입니다

내 사랑 토토

귀여운 토토
몰티즈 잡종인 강아지
순종은 아니라도 귀여운 토토
토토와 놀아주면서 더욱 사랑을 느낀다

내가 나갈 낌새를 보이면
벌렁 배를 내보이며 누워 있다가도
저 먼저 현관문 앞으로 달려나가
꼬리를 살래살래 아양을 떨며 앞장서다가
나 혼자 나가버리면
현관문과 문간방 사이를 오락가락하며
한바탕 소란을 피우는 토토

옥상, 소리도 알아듣는 토토
아침 운동도 하고 배설도 하며
신나게 뛰고 노는 곳이 옥상이라서

저녁 무렵에도 옥상! 소리만 내면
얼른 현관으로 달려가 자세를 취하지만
그냥 들어가 있으라 하면
이내 실망하고 꼬리를 슬쩍 내리는 토토

토토는 내 발자국 소리만 들어도
알아듣는 귀염둥이 애완견
나도 모르게 내 사랑이 되어버린 토토
안아주고 쓰다듬어 주면
좋아하며 눈이 가늘어지는 토토

자식보다 살가운 토토라고
내 마음 알아주는 토토라고
그의 등을 어루만져 준다
내 사랑 토토
나의 반려견 토토

봄비 내리던 날의 꽃 이야기

'은영이 집'은 비닐하우스로 된 식당이다

입구에는 벚꽃이 흐드러지게 피었고
화단에는
조팝나무꽃, 박태기나무꽃이
작은 꽃들을 휘감고 속삭이고
그 아래
파릇파릇한 완두콩 새싹이 앙증스럽다

식당 문 양쪽으로
쑥갓을 닮은 노란 꽃이 반겨주고
작은 연못가의 라일락은 아직 꽃봉오리
그 밑에 씀바귀 두 포기가
키를 높이려 안간힘을 쓰고 있다

앞뜰의 복숭아꽃은 반쯤 피어나고
아직 꽃 피우지 않은 사과나무
나무 밑 하얀 냉이꽃은 구름 따라 떠다니고
건너편 울타리엔 개나리가 등불인 듯 노랗고
연분홍 진달래도 미소를 머금고 있다

봄비는 보슬보슬 내리고
친구들의 우정은 무르익어 가는데
봄꽃들 빗소리 장단에 맞춰 어깨춤을 춘다
봄날의 꽃 향연
봄비 내리던 날의 꽃들은
꽃 세상, 꽃 마음을 열어주었네

'은영이 집'의 꽃 이야기는 깊어만 간다

아픔은 미소로 흘러내리고

흐린 날, 창가에 기대어
너를 들여다본다
눈물을 보이진 않았지만
평범한 일상의 졸림에서 깨어나
비로소 들여다본 아픈 육신이
절름발이처럼 걸어간다

휘어진 나뭇가지인 듯
몸부림치던 순간들이
어두운 거리를 떠돈다
바람이 불면 바람에 너를 맡기고
노을에 젖으면 그리움에
하얀 손가락을 맡기고

봄날의 꽃처럼 피어나서

한 톨의 씨앗으로 자라서
한 그루 나무이기를 원하며
크고 큰 소망 가슴에 담고
가시밭길 헤쳐가며
내 터전에 뿌리를 내렸다

온몸이 얼룩지고 뼈아픈 고통 몰아쳐도
벌판을 비추는 미소인 듯
먼 훗날 마주하며 이야기하듯
일상의 아픔을 미소로 감추며
고통은 생을 가꾸는 것이라고
매일매일 밥상을 차리듯
세월을 침묵하며 살아가련다

오늘도 미소 꽃 한 송이 피워 보는 너

강가에서

밀어를 가슴에 품고
너의 강가로 달려간다

심연의 깊디깊은 언어
감미로운 운율로 춤추는 수평선엔
추억을 쓰다듬는 손길이 출렁인다

깊고도 오묘한 강
정겹게 밀려드는
해맑은 너의 강

눈 감으면 떠오르는 그리움
합장하여 기도하면
뼈아픈 희열들이 줄지어 선다

내 그림자 짙은 염원으로
빛바래지 않을 사랑이여

오늘도 나의 가슴은
맑은 미소로 두 팔 벌린
너의 강가로 달려간다

들꽃의 노래

내 삶 속 환희의 순간들이
가슴 벅차오르던 희열들이
그대에게 향하는 그리움으로 피어오르고
이렇게 살아 숨을 쉬고
함께 인생을 노래할 수 있어서 좋다

소녀의 풋사랑 같은 감성이 남아
아직도 이렇게
그리움으로 가슴 떨리며
하염없이 빠져들 수 있는 것도 좋다

한때 나는
묵정밭에 피어난 들꽃이었지
사랑은
조건 없는 기쁨

오직 그대에게로 향하는 이 마음
아직도 그대는 나의 태양이다

꺼져가는 내 인생에 빛을 비춰주고
버팀목이 되어 꽃을 피워 준 그대
여생을 고운 꽃길로 가꾸며
고개 숙여, 두 손을 맞잡고
함께 노래하며 살아가리

산책길은 꽃길이다
–석촌호수를 돌며

석촌호수로의 야경을 끌고
산책길을 걷는다

간편한 복장에 운동화를 신고
옛 송파강이 흐르던 이곳을
한 걸음 한 걸음 걸으니
하염없이 펼쳐지는 상념들
삶의 기쁨과 아픔이
석촌호수 물결 위에 펼쳐진다

매직 아일랜드에서 자이로드롭이
오르락내리락하는 소리와
청춘들의 비명 지르는 소리
윙 윙 윙 기계 소리
번쩍이는 오색찬란한 빛을 보는 것도

산책하며 즐기는 풍경 중의 하나다

벤치엔 밀어를 속삭이는 연인들,
남의 눈길 아랑곳하지 않는
진한 스킨십의 연인들

팔을 저으며 땀 흘리며 뛰는 사람들
애완견을 데리고 유유히 걷는 사람들
유모차에 의지하며 걷는 나이 든 분들

어느새 석촌호수 한 바퀴 돌고 나니
하늘을 날 것 같은 마음
집으로 돌아가는 길은 꽃길이다

검은 꽃 당신

-앳된 여교사의 죽음을 애도하며(23년 7월)

보기만 해도 미소가 절로 이는 앳된 꽃인데
아름답고 순수한 자태의 여린 꽃봉오리인데
옹골찬 열매 맺을 미래의 꿈 다 접고
어찌 홀연히 검은 꽃길을 택하셨습니까

갓 피어난 여린 꽃으로
거센 폭풍우 몰아치는 교단에 홀로 서서
할퀴고 물어뜯는 상처의 고통을
얼마나 견디기 힘드셨을까요
꽃다운 청춘, 꽃봉오리 잘라버리고
매정한 현실이 싫어 한 줌의 흙으로 돌아간 당신

작은 가슴으로 흔들리는 교권 앞에
마지막 열정의 불씨를 살리지 못하고
사명감과 모멸감의 틈새에서

갈 길을 찾지 못한 채
얼마나 많은 슬픔의 눈물을 삼키셨을까요
뜨거운 사랑으로 지켜내던 교정,
이제 아이들의 함성은
하늘의 반짝이는 별만 바라보고 있습니다

못다 이룬 꿈
피우지 못한 꽃 한 송이 당신,
아직도 잠들지 못하는 검은 꽃 당신은
한 알의 밀알이 되어 이 땅의 등불이 될 것입니다
교권 확립의 기틀이 바로 설 때까지
당신의 죽음이 헛되지 않을 때까지
당신을 위해, 이 땅의 사도를 위해 기도할 겁니다
높으신 그 이름 검은 꽃 당신이여!

이포초등학교 개교 백주 년 기념 시

-우리의 자랑 이포초등학교(2019년 봄)

우리 민족이 일제탄압에 항거하여
대한 독립 만세!
목메게 외치던 소리가
방방곡곡 퍼져나가던
기미년 초여름에
첫출발한 이포초등학교

어언 일백 년!
대한민국의 눈부신 성장 발전과 함께
수많은 인재를 길러낸
유구한 역사와 전통에 빛나는
교육의 요람
우리의 자랑 이포초등학교

반짝이는 금빛 모래 금사면의

옛 천양 나루터 배꽃 피는 포구 마을
백로의 드높은 기품 담은 이포보는
웅장한 자태를 뽐내고
금사참외의 달콤한 맛과 향 그윽하며
포근한 어머님 품속 같은 우리의 고향을
언제나 지켜온 이포초등학교

유유히 흐르는 한강 물처럼
흘러가는 세월 속에
우리의 모교
우리의 자랑 이포초등학교는
천년의 희망을 품고
영원히 진리의 빛을 밝히리라

숲속의 연가

맑고 환한 하늘을
깍지 낀 손의 밀어를
가슴 가득 담고
오늘도 난 숲속에 와 선다

아, 아, 사랑이던가
너와 나의 가슴을 맞대던
꽃 무리 피어나는 숲속의 추억
해맑은 미소의 내 사람이여

그리움의 빛난 애수를 간직하며
난 짙푸른 네 숲속에
다가와 서서
영원히 변치 않을 소망을 노래한다

〈이병란 시조집 書評〉

평범 속에 진실이 반짝이는 여인의 정서 미학

이 광 녕(문예창작 지도교수)

지윤(知玧) 이병란 시인은 일상의 평범 속에서 진실이 반짝반짝 빛나는 소박한 여류 문사다. 그녀의 눈 안에 들어오는 사물은 무엇이든지 여인의 소박한 정서와 식견의 여과 과정을 거쳐 명품으로 탄생된다. 지윤 시인이, 사물을 꿰뚫어 보는 혜안이 남달리 뛰어날 뿐만 아니라, 그 발현된 문장도 반듯하여 반짝이는 진리를 읊어낼 수 있는 것은 그녀가 정통성을 갖춘 교육자 출신이고, 믿음 좋은 기독교인이기 때문이라 생각된다. 남한강 기슭 여주의 시골 출신인 그녀는 소싯적부터 학교에서 문예반 활동을 하였고 타고난 문재(文才)를 발휘하면서 글짓기를 좋아했던 문학소녀였다. 그녀는 신앙심이 두터운 권사이며 교육자다. 그러기에 그녀 사고의 바탕은 늘 하늘에 있으며, 그녀가 추구하는 삶의 방향은 헝클어진 세사 속에서 진리의 길을 모색하며 글로써 인간 질서를 바로 잡고 하늘의 순리에 따르는 일이다.

시는 마음속에 쟁여 있는, 표현하고 싶은 서정 욕구나 갈등을 감성적 함축적 기법으로 적합하게 구성해 놓은 문학이다. 가슴 속 깊은 곳에 마그마처럼 끓고 있는 뜨거운 감성이나 넘쳐 출렁거리는 서정의 물결을 어떻게 알맞은 기법으로 표출해 내느냐 하는 것이 시 성공의 관건인데, 지윤 시인은 이런 시인의 고뇌를 자연스럽게 긍정적 안목으로 풀어낸다.

인간은 파란 많은 현실에 몰입하다 보면 어느 틈엔가 그늘이 끼이고, 자신은 흉측한 몰골로 어느 순간 어느 공간에 와서 초라하게 서 있다는 것을 깨닫는다. 그리고 불현듯 삶의 본질은 제쳐두고 원망과 절망 속에서 앞으로 나아가지도 못하고 자꾸만 뒤를 돌아보게 된다. 그러나, 이병란 시인의 글들을 살펴보면 결코 어두운 현실에 종속되어 얽매이거나 절망하지 않는다. 평범한 여류문인으로서 단지 생활 주변에서 보고 느낀 점을 소박한 여인의 감성으로 그려내면서, 밝은 탈출구를 바라보고 기도하며 현실을 잘 다스리고 해법을 모색하는 글을 써서 독자들을 감동시킨다.

그녀의 작품들 중 대표작 몇 편만을 선정하여 시인의 작품세계에 들어가 보고 간단한 서평을 곁들여 보기로 한다.

1. 평범한 일상에서 건져 올린 소박한 여심

일찍이 채근담에서는 '신기탁이(神奇卓異)는 비지인(非至人)이요, 지인(至人)은 지시상(只是常)이다'라고 하였다. 신기하고 유별난 사람은 지인이 아니요, 지인은 다만 평범할 뿐이라는 것이다.

지윤 시인은 문단에서도 튀거나 유별나지 않고 그저 평범한 가운데 성실과 봉사정신을 발휘해 내는 여류 문사이다. 나풀거리는 바람을 일으키지 않고 성실하게 주어진 임무를 완수해 내는 전형적인 모범문사가 그녀의 심벌마크다. 이런 그녀의 스타일은 소박 진솔한 문학적인 글로 이어져서, 읽는 이에게 공감대를 형성해 주고 있으며 편안함을 제공해 준다.

> 허물은 포용하고 된바람엔 순응하며
> 누구도 미워 않고 손잡고 미소 짓는
> 가슴엔 '소박하다'는 / 이름표 단 순한 여자.
>
> 가끔은 비바람에 휘어지고 흔들려도
> 궂은 일 마다 않고 앞장서서 솔선하는
> 뿌리는 깊고도 곧은 / 속정 깊은 갈대라오.
>
> -「나」 전문

이 글은 작가 자신이 자화상을 그대로 그려낸 듯하다. 예기에 '온유돈후시교야(溫柔敦厚詩敎也)'라고 하였는데, 온유하고 도타운 지윤 시인의 마음이 도드라지게 나타나 있다. 글의 내용도 무척 매끄럽고 순하다. '허물은 포용하고 된바람엔 순응하며 누구도 미워 않고 손잡고 미소를 지으며 가슴엔 소박하다는 이름표를 단 순한 여자'란다. 그러면서 '비바람에 휘어지고 흔들려도 궂은 일 마다 않고 앞장서 솔선하는, 뿌리 깊고 속정 깊은 갈대'라니 이보다 더 훌륭한 여인상이 이 세상에 어디 있을까?

지윤 시인의 순수 소박한 인간성이 한마디로 잘 표현된 멋진

연시조이다. 이 글에서 유난히 눈길 끄는 소재는 '갈대'다. 필자는 '갈대'라는 객관적 상관물을 상당히 긍정적인 관점으로 바라본다. 흔들리는 나약한 존재가 아니라, 흔들리지만 뿌리가 매우 깊어 지조 있고 품격 높은 개체로 인식하는 것이다. 흔들리지 않고 피는 꽃이 이 세상 어디 있으랴! 흔들려야 물관도 살아나고 생기가 발동하는 법, 흔들림 속에서 뿌리를 깊게 내리고 있는 갈대의 존재를 빌어 자아의 개체적 성정을 잘 드러낸 작품성 높은 글이다.

하루도 빠짐없이 꼼꼼히 쓴 기록부
아이 둘 낳은 비용 간식비 교육비며
웃음도 안타까움도 절절히 배어 있다.

월급의 절반 아껴 알뜰살뜰 모아서
집 장만 빚낸 돈을 갚아간 내력들도
가끔씩 들춰보면서 함박웃음 짓는다.

수십 년 하루같이 함께한 나의 보물
풍성한 노년 삶의 밑거름이 되었기에
내 삶을 되돌아보며 꿈을 잡고 적는다.
-「나의 보물 가계부」 전문

필자는 바람직한 여인의 모습을, "머리는 차갑게, 가슴은 뜨겁게, 차림은 깨끗하게, 살림은 알뜰하게, 생활은 멋지게"라는 슬로건을 내걸고 강의한 적 있다. 지윤 시인의 성정은 이 모든

조건에 다 훌륭하지만, 그 중에서 글로써 잘 나타나 있는 '살림은 알뜰하게'라는 검소한 면만을 살펴보기로 한다.

보릿고개를 체험하고 초근목피로 겨우 연명했던 예전의 어머니들은, 근검절약이야말로 실로 살림꾼의 철칙 같은 실천 강령이었다. 그런 생활 자세를 이어받은 세대들에게도 주판알을 튕기며 가계부 쓰는 일은 당연시 되었었다. 그러나, 생활수준이 올라간 현대에 들어와서는 물질적 풍요와 함께 주부들이 가계부 쓰는 일은 거의 찾아보기 힘들다.

가계부는 지난 세월의 눈물어린 궤적의 기록이다. 집 장만이며 아이들 교육비며 꼼꼼히 적어서 오늘의 살림을 키워낸 공적부(功績簿)다. 지윤 시인은 이러한 가계부를 '나의 보물'이라고 칭하면서 이것을 풍성한 노년 삶의 밑거름이라고 여기고 있다. 근검절약을 실천해온 옛 어머니들의 생활 지혜가 떠오르고, 알뜰살뜰 여인의 풍모가 아름답기 그지없고 잔잔한 감동을 주는 좋은 글이다.

2. 인연과 연분, 그리움의 고향을 찾아

사람의 축복 중에서는 만남의 축복이 제일이다. 누구를 만나느냐에 따라서 운명이 달라지기 때문이다. 인연이란 만남의 끈으로부터 시작되는데, 인위적으로만 이루어지는 만남보다는 우연적으로, 운명적으로 이루어지는 것이 더 인간의 일생을 좌우하기도 한다.

인연(因緣)과 연분(緣分)이란 무엇인가? 아마도 두 사람 또는 사물과의 관계를 생각하는 상대적 개념의 만남은 인연이고, 어느 한쪽에서만 생각하는 우연적 결과의 만남은 연분이 아닐까? 지윤 시인의 글에서는 이러한 인연과 연분에 따른 만남의 축복이 햇살 아래 고운 노래로 반짝반짝 빛나고 있다.

하수도 역류해도 수도꼭지 졸졸 새도
내 반쪽 불러대면 바로 척척 고쳐내어
우리 집 만능 해결사 추켜 주면 싱글벙글.

언제나 어디서나 늘 지켜준 내 버팀목
쿵 작작 마음 합해 알뜰살뜰 살림 일궈
꽃길을 함께 걸으니 천생연분 여기 있네.

-「천생연분」 전문

검은 안경을 끼고 보면 검은 세상이, 밝은 안경을 끼고 보면 밝은 세상이 보인다. 늘 밝은 안경을 끼고 세상을 바라보는 지윤 시인의 시심은 소박하고 진솔하고 맑고 밝다. 그녀는 정통 문사로서 남자로 말하면 한국 선비의 풍모를 지니고 있다. 그러기에 '지족무욕 지족가락(知足無辱知足可樂)' 정신으로 현실에 만족하며 긍정적 인생관의 삶을 영위하고 있다.

이 글에서도 인생길을 동행하는 배필을 향해 '만능 해결사', '버팀목'으로 칭송하면서, 꽃길을 함께 걷는 '천생연분'이라 여기고 있으니, 그 얼마나 행복한 가정이겠는가!

문학은 슬픔과 어둠을 치료하는 기능이 풍부하다. 다산 정약

용은 "시 없이는 평화가 없다"라고까지 하였다. 이러한 시인의 밝은 혜안과 시적 감성의 발현은 알게 모르게 가정과 주변에 맑고 밝은 평화와 행복을 안겨 주리라.

어설픈 삶의 여정 풋풋했던 한때의 꿈
사랑이 무엇인지 어림도 못 재면서
콩콩콩 뛰던 가슴은 / 별이 되어 총총 떴다.

꽃향기 피어나는 숲속에서 마주 앉아
두 손 꼭 부여잡고 까만 밤을 지새우던
첫사랑 달콤한 추억 / 노을빛에 다시 뜬다.

－「첫사랑」 전문

어머니 손을 잡고 굽이굽이 십리 길에
오솔길 산새 소리 솔향기 벗 삼으니
정다운 모녀의 속삭임 발걸음도 가볍다.

외양간 누렁이는 어서 오라 눈인사고
반가운 외할머닌 버선발로 반색하니
달려가 품에 안기면 온 세상이 내 것이다.

－「외가 가는 길」 전문

시인은 사랑과 추억을 먹고 산다. 진한 사랑 체험이나 못 잊을 추억 하나 없이 어찌 감동 깊은 시를 쓸 수 있단 말인가?

윗글 「첫사랑」에는 젊은 날의 아름다운 첫사랑 추억이 아주 순수한 시적 정서로 그려져 있다. 별이 총총 떠 있는 하늘 아래, 첫사랑을 속삭이며 콩콩콩 뛰던 가슴, 둘이서 까만 밤을 지새우던 그 아름다운 추억을 떠올리니 이제는 나이 들었어도 그 잊지 못할 순간이 노을빛에 다시 뜬다 한다. 달콤한 첫사랑의 추억은 아마도 시와 함께 평생토록 시인의 뇌리 속에 그리움의 본향으로 남아 있으리라 본다.

「외가 가는 길」에는 어릴 때 어머니와 함께 외갓집을 찾아가던 추억을 그려낸 글이다. 모성애란 어머니의 사랑이 현실세계를 초월하여 발현되는 것이기 때문에, 누구든지 외갓집이라면 독특한 혈육의 정감을 느끼는 곳이다. 모녀가 정답게 손을 잡고 외갓집에 들어서면 혈육인 외할머니가 버선발로 뛰어나와 반색을 한단다. 손녀인 화자가 달려가 품에 안기면 온 세상이 다 내 것인 듯 기쁨에 젖어 있었다 하니, 그 광경이 생각만 해도 참으로 정겹다.

일찍이 맹자는 '대인적자지심(大人赤子之心)'이라 하였다. "군자는 어린이다운 순수한 마음의 소유자라야 한다"라는 말인데, 여기서도 어린이로 돌아간 지윤 시인의 순수하고 맑은 동심의 세계가 한껏 시인다운 풍격을 살려주고 있다.

3. 사표(師表)로서의 올곧은 스승상

나비들의 눈에는 꽃들만 보이고, 꽃들의 눈에는 나비들만 보인다. 교육자 출신인 지윤 시인의 눈에는 우리 사회를 이끌어 가는 선생님들의 교권이 유난히 크게 눈에 보인다. 예전에는 '스승의 그림자는 밟지도 않는다'라고 하여 스승 공경의 풍토가 교육의 질과 그 존엄성을 높여 왔었다. 그런데 물질주의와 배금주의에 물든 현재는 전통 사상인 충효예 정신은 퇴색하였고, 스승 공경 풍토도 사라져버렸다. 사범교육을 철저히 받은 지윤 시인의 눈에는 우리 사회 일각에서 함부로 스승을 폄하하고 경시 홀대하는 풍토가 아주 못마땅하다. 얼마나 선생님이 교육현장에서 멸시 천대를 받아왔으면 실의에 빠져 목숨까지 끊는 사례가 나왔을까? 지윤 시인은 이러한 스승 경시 풍토의 한 단면을 한 수의 시조로 토로해 내고 있다.

선생님 출신들은 모두 다 좁쌀이야,
지인의 볼멘소리 웃으며 받아넘겨
아무렴, 좁쌀알 셀 듯 섬세하고 정확하지.

통 크고 허풍 세면 교육에 지장 많아
진리를 명확하고 바르게 가르치며
좀생이 소리 들어도 올곧은 게 좋은 거지.

-「좁쌀 선생의 변辯」 전문

이 글은 '선생님'이라는 글감을 택하여 요즘의 교육 세태를 잘 그려내고 있다.

예전에는 '스승' 하면, 감히 그림자도 밟지 못할 존경스럽고 위대한 분이라는 이미지로 떠올렸는데, 요즘 세태는 막가는 아이들 뒷바라지나 하는 '좁쌀 직업꾼' 정도로만 인식을 하는 경향이 많다. 그러니, 선생님의 입장에선 매우 자존심이 상하고,

보람이나 자긍심마저 잃어버리는 게 현실이다. 선생님의 역할은 학생 개개인마다 세심한 관심을 갖고 일거일동을 관찰하면서 잘못된 부분은 일일이 지적을 하여 주의를 주고 훈도에 힘써야 한다. 그렇지 못하면 언제 비난의 화살이 날아올지 모르니, 충실히 교육에 임하다 보면 '좁쌀 선생'이라는 소리를 듣게 되는 것이다.

이 글은 이러한 선생님의 입장을 연시조로서 잘 대변해 주고 있어 눈길을 끈다. 비록, '좀생이 소리'를 들어도 그 본분대로 '좁쌀알 셀 듯 섬세하고 정확하게', '진리를 명확하고 바르게' 가르치려는 스승 본연의 사명감이 아주 잘 표현되어 있어, 큰 감동과 공감을 불러일으키는 좋은 시조이다.

> 푸르른 길가에는 / 꽃무리가 깔깔대고
> 꿈나무들 올망졸망 / 동심의 띠 둘렀으니
> 저 눈빛 똘망똘망해 / 어둔 세상 밝혀준다.
>
> -「올망졸망 꼬맹이들」 전문

나이 들면 다시 아기가 되어가는 건지, 갓난쟁이 애기들을 보면 그렇게 예쁠 수가 없다. 오물거리는 입과 양볼, 똘망똘망한 눈망울, 고사리손 등을 볼 때 귀엽기 짝이 없다. 교육자는 남의 자식도 친자처럼 애정을 갖고 보살펴야 하는데, 지윤 시인은 이 글에서도 교육자다운 면모가 잘 드러나 있다. 길가 꼬맹이들의 똘망똘망한 눈망울을 보면서 '꽃무리', '꿈나무들'이란다. 그들은 동심의 띠를 두르고 똘망똘망한 눈빛으로 '어둔 세상을 밝혀준다'라고 하니, 그 비유적인 해맑은 표현이 아주 참신하고 희망적인 인상을 풍겨준다.

어릴 적 흔들리며 큰 시험에 빠졌을 때
험난한 수렁에서 손잡아 건져내고
밝은 빛 인도해 주신 / 크신 사랑 따릅니다.

고뇌의 질긴 사슬 끊지 못해 허덕일 때
언제나 내 곁에서 등불로 밝혀주신
크나큰 그대의 사랑 / 반짝반짝 빛납니다.

-「삶의 등불」 전문

지윤 시인은 교육자이면서도 한편 교회 권사님이다. 사회의 지도층에 속하는 높은 위치에 있으면서도 그녀는 겸손과 낮춤의 철학을 스스로 실천하고 있다. 이 글에서 등장하는 '그대'는 존경하고 사랑하는 임이나, 또는 신앙적으로 섬기고 있는 주님을 뜻하기도 할 것이다. 스스로 교육자이면서도 신앙생활에서 우러나온 성심으로 선배 스승이나 사랑하는 임을 공경할 뿐만 아니라, 인류 최고의 빛이요 대 스승이신 주 예수님을 신심으로 받들어 섬기고 있는 것이다. 시험 들어 수렁에 빠졌을 때, 밝은 빛으로 인도해 주신 그분, 그분은 언제나 어둠 속에서 밝은 등불이 되어 밝혀주시고 인도하시니, 그 큰 사랑이 반짝반짝 빛이 나는 것이다.

사표로서의 올곧은 스승상과 겸손과 낮춤의 미학이 반짝이는 좋은 시조이다.

4. 화초목에 대한 애정, 그 따뜻한 인간미

시인이 되면 눈앞에 나타난 사물에 대한 관찰력이 달라진다. 특히 화초목(花花草)에 대한 관심은 그 첫 번째다. 그래서 일찍이 공자께서는 시인이 되면, “다식어조수초목지명(多識於鳥獸草木之名)”, 즉 “새나 짐승이나 초목의 이름도 많이 알게 된다”라고 하였다. 그래서 일찍이 시인들은 사군자(四君子)나 세한삼우(歲寒三友) 등을 좋아하였으며, 그것들을 제재로 수많은 글들이 쏟아져 나왔다.

지윤 시인은 이러한 화초목에 대한 사랑이 남다르다. 비록 귀향하여 시골에 상주하지 않아도 그녀는 도심의 옥상에 화초밭을 가꾸어 농부를 자칭하고 있으니, 어엿한 도시 농부인 셈이다. 도시 농부다운 그녀의 모습이 잘 드러난 시조를 살펴본다.

새벽같이 눈을 뜨고 옥상 텃밭 올라가서
질푸른 친구들과 두루두루 눈 맞추며
농부가 읊조리면서 못된 잡초 뽑아낸다.

보랏빛 가지 가족, 초록 친구 고추 호박
싱글벙글 주렁주렁 날마다 몸통 키워
풍성한 잔치 벌이니 농심 절로 시심 된다.

-「도시 농부의 아침」 전문

이 글은 옥상 텃밭의 채소들을 의인화시켜 친구라 칭하며, 그들과의 영농의 기쁨을 그려낸 것이다. 그들과 두루두루 눈 맞추며 농부가를 읊조리고 잡초를 뽑아주며 날마다 몸통을 키워 풍성한 잔치 벌이니 농심이 주렁주렁 무르익어 시심이 된단다.

어쩌면 이렇게 꾸밈없이 수수하고 자연스러울까? 화초들은 새벽 농부의 발걸음 소리에 부시시 일어나 귀를 쫑긋 한다. 새벽같이 옥상에 올라가 화초들을 돌보고 그들과 물아일체가 되어 그 농심을 시조로 읊어낸 시인의 농자다운 모습이 신선한 감각으로 다가오는 좋은 시조다.

높다란 하늘 미소 / 해바라기 닮은 얼굴
수확의 훼방꾼이라 / 눈 딱 감고 참수하니
망나니 따로 없다며 / 뚱딴지가 울먹이네.
-「돼지감자꽃」 전문

옥상에 올라가면 꽃 벗들이 너도나도
옷자락 간질이며 놀자고 잡아끈다
채송화 천사의 나팔꽃 모두 모두 반겨준다.

폭염을 이겨내 온 선홍빛 고추 아씨
나팔꽃 유도화도 고개 살랑 반겨주니
여기는 하늘 정원이야 천국이 따로 없네.
-「옥상 친구들」 전문

윗글 「돼지감자꽃」에서 돼지감자는 국화과에 속하는데 '뚱딴지'라고도 하며, 북아메리카에서 건너온 귀화식물로서 해바라기를 닮은, 키가 큰 식물이다. 해바라기 비슷하지만, 녹말이 덩이줄기 형태로 열매를 맺기 때문에 '돼지감자'라는 이름으로 불린다.

그런데 이 글에서 작가는 다른 작물의 수확에 방해되는 훼방꾼이기에 피치 못해 '눈 딱 감고 참수한다' 라고 하였다. 그러기에 목을 자르는 "망나니 따로 없다"며 뚱딴지가 울먹인단다. 대를 위해 소를 희생할 수밖에 없다는 농부의 안타까움과 화초사랑 정신이 글 속에 나타나 있다.

「옥상 친구들」이란 글도 역시 의인화 기법으로 화초목에 대한 애정을 멋지게 드러낸 시조이다. 벗으로 비유된 화초들은 너도나도 옷자락을 간질이며 함께 놀자고 잡아끈다. 채송화, 나팔꽃, 고추아씨, 유도화 등이 반겨주며 함께 어울림이 장관이니, 거기야말로 하늘 정원이고 천국이 따로 없단다.

이러한 글들은 지윤 시인의 화초목에 대한 애정과 자연동화의 감성이 짙푸르게 드러난 시조들로서, 그녀의 농자다운 모습과 따뜻한 인간미가 눈길을 끄는 푸르른 작품들이다.

5. 순리와 예지, 맑고 밝은 세상 보기

이병란 시인은 교회 권사님이고 교육자 출신이라 그 성정이 늘 올곧고 맑고 밝다. 그리고 문단에서도 아무런 대가를 바라지 않고 소리 없이 앞장서서 선공후사(先公後私) 정신으로 봉사를 하기에 모두가 우러러 본다. 또한 그녀는 교직을 체험해 왔기에 사회 현실을 바라보는 눈도 남달라 정의롭고 정직하니, 늘 예리한 비판력과 놀라운 예지가 손놀림과 안중에서 번득인다. 보헤미안처럼 여기저기 떠돌아다니는 문인이 아니라, 정든 곳에 머물며 직분을 다하고 평범 속에 진실이 발견되는 모범 여인의 풍모가 그녀의 상징마크다. 신심이 두텁고 따뜻한 온정이 드러난 글을 들어본다.

형편이 넉넉잖은 그 장로님 큰 손일세
좋은 일 있나 보다 로또라도 당첨 됐나
머릿속 상상이 둥둥 / 뭉게뭉게 떠오른다.

주일 날 슬쩍 만나 은근히 맘 떠보니
마나님 암 진단비 눈물 젖은 돈이라네
어쩌나 내 가슴도 아려 / 쾌유기도 듬뿍했네.
-「눈물 젖은 헌금」 전문

이 글 속에는 남을 사랑하고 측은히 여기는 작가의 어진 인간미가 스며들어 있다. 형편이 넉넉지 않은 어떤 장로님이 거액을 헌금해서 의아해 했는데, 알고 보니 부인의 암 치료에 쓰일 눈물 젖은 돈이란다. 일반인들에게는 상상도 못할 신앙심 두터운 신자들의 이야기다. 작가는 그 눈물 사연을 알고는 가슴이 아려 그 장로님 가족을 위해 쾌유기도에 전심을 다하였다 한다.

성경에서는 "네 이웃을 사랑하라"라고 강조하였고, 논어(팔

일편)에서도 "사람이 어질지 않다면 예가 무슨 소용이 있겠는가?(人而不仁 如禮何)"라고 하였다. 보통 사람들로서는 행하기 어려운 믿음의 실천이요, 또 그 일을 생각하는 작가의 인정과 인간미가 잔잔히 흘러넘쳐 큰 감동을 제공해 주고 있다.

열 받은 젊은 날엔 추운 날도 더웠는데
목도리 칭칭 감고 이불 속 똬리 틀고
된바람 몰아쳐 오면 잠에 빠진 곰이 된다.

엄청난 회오리 속 그 용기는 어디 갔나,
설한풍 닥쳐와도 눈 깜짝 않았는데
방패도 부러졌는가 줄행랑쳐 꽁무니다.

겁먹은 노익장이 비실비실 물러서고
등 굽은 노파 얼굴 저 멀리서 손짓하니
무쇠도 녹여버리던 그 뱃심이 그리워라.

-「어느 날 갑자기」 전문

이 글은 어느새 갑자기 꼬부라진 자아의 인생 처지와 용기를 한탄하면서, 의기 있고 청청했던 젊은 날 한때를 그리워하는 탄로가풍의 노래다. 설한풍 닥쳐와도 눈 깜짝 안했는데, 지금은 겁먹은 노익장도 비실비실 물러서고, 등 굽은 노파 얼굴만 저 만치서 손짓한다니, 무쇠도 녹여버리던 젊은 뱃심이 그 얼마나 그리웠을까?

프랑스 작가 플로베르는 '일물일어설(一物一語說)' 즉, "작가의 생각과 의도를 정확하게 전달할 수 있는 언어는 단 하나밖에 없다"라고 하였는데, 이 글에서는 작가의 시어 차용이 아주 적합하게 이루어져 있다. 적합한 시어의 선택과 배치로 시상 전개가 유연하고, 또 적합한 비유적 기법으로 무리 없이 전개되어 시적 품격이 넘쳐나는 연시조이다.

햇살이 기웃대는 넓은 창 카페에서
옛 벗과 함께 앉아 눈빛을 주고받고
허즐럿 커피 한 잔에 수다 떨며 늘어진다.

오랜만에 피어나는 주렁주렁 추억들은
맞잡은 환희 속에 까르르 녹아들고
여심은 소녀가 되어 행복 속에 폭 빠진다.
-「행복한 여자」 전문

이 글을 읽으면 평범한 일상 여인의 부담 없는 행복감을 공유할 수 있다. '사람이 산다'라고 하는 것이 특별한 게 아니다. 그저 순명대로 그대로 살아가면 거기에 행복이 있는 것이다. 노자(老子)가 '성인무상심(聖人無常心常心)'이라 하였는데, 이는 아집이나 고정 관념을 지적한 말이다. 자기만의 유별난 틀이나 멈춘 관념에 얽매이지 말고 평범한 가운데 순리대로 유연하게 적응해 나가는 게, 작은 행복 같지만 큰 행복인 것이다.

이 글은 이러한 작가의 생활 태도와 철학을 꾸밈없이 진솔하게 노래하고 있다. '햇살', '눈빛', '주렁주렁 추억', '맞잡은 환희' 등과 같은 시어들이 주제를 뒷받침해 주고 있으며, 맑고 밝은 사고의 전개가 아낙의 마음을 행복으로 이끌어 주고 있다. 말미에서, '여심은 소녀가 되어 행복 속에 폭 빠진다' 라고 한 부분이 퍽 인상적이다.

품속에 금지옥엽 아기 안은 앳된 엄마
눈 비비고 가만 보니 잠자는 건 강아지네
어떡해, 깜빡 속아서 헛웃음이 절로 난다.

단발머리 아가씨야 엄마놀이 재미 있냐
강아지 포대기엔 아기 울음 떠도는데
벼랑 끝 인구 절벽엔 황혼빛만 스며든다.

-「강아지 엄마」 전문

요즘은 아기를 태운 유모차보다 강아지를 태운 유모차가 더 많이 눈에 띄기도 한다. 인간은 만물의 영장이요, 그 존엄성이 늘 강조되는 바이거늘 어찌 인간의 자리에 동물을 먼저 앞세울 수가 있단 말인가? 이는 창조주의 창조 섭리에도 어긋난다고 본다. 산아제한을 하던 때가 엊그제 같은데 어느 사이 우리의 현실은 인구절벽에 부딪쳐 심각한 사회 문제가 되고 있다.

이 글은 작가가 거리의 유모차를 보고 아기인 줄 알았는데 강아지가 타고 있으니 그 실망스러운 심정을 희화적으로 노래한 것이다. 문학의 기능은 정서적 순화 외에, 사회정화의 기능도 있다. 그러기에 눈앞에 보이는 대상을 정확히 관찰하고 올바른 비판의 눈을 가져야 한다. 시인의 글감 선택과 시적 전개는 문제의식을 가졌을 때 발동된다. 교육자 출신인 지윤 시인은 현실을 바라보는 예리한 비판력과 예지가 남다르고 그 표현 또한 뛰어나다. 그러한 그녀의 예리한 필봉은 우리 주변을 보다 밝게 변화시키리라 본다.

지윤 시인의 작품 세계는 다른 작가들에게서는 볼 수 없는, 맑고 밝고 소박 진솔한 여류 문사의 품격이 넘쳐흐른다. 지나친 꾸밈도 현학적인 표현도 멀리한 평범 속의 진실이 독자들의 마음을 끌어당긴다.

사도(師道)의 길을 걸어온 그녀는 모든 사물을 낮은 자세로 올바른 각도에서 바라보고 정통성 있게 그 시비를 가려낸다. 그녀는 평범한 현상 속에서 내밀한 진실을 발견해 내고 긍정적인 안목으로 읊어내는 데 익숙한 모범 작가다. 특히, 삶의 뒤안길에서 만난 인연의 고리와 자연 세계를 인생 문제와 관련지어 그 진실을 누에 실고치 풀어내듯 적합한 글로 읊어내는데 능숙한 작가다.

문학은 주변을 밝게 이끌며 정서 치료의 기능이 풍부하다. 모쪼록 이 한 권의 시조집이 어둠길에서 방황하는 많은 독자들에게 소망의 등불이 되어 주길 바란다.

(甲辰 陽春佳節 삼익재에서, 효봉 撰)

어설픈 삶의 여정 풋풋했던 한때의 꿈
사랑이 무엇인지 어림도 못 재면서
콩콩콩 뛰던 가슴은
별이 되어 총총 떴다.

꽃향기 피어나는 숲속에서 마주 앉아
두 손 꼭 부여잡고 까만 밤을 지새우던
첫사랑 달콤한 추억
노을빛에 다시 뜬다.

너의 강가에 서서

초판 1쇄 인쇄 | 2024년 4월 25일
초판 1쇄 발행 | 2024년 4월 30일

저　자 | 이 병 란
발행인 | 윤 영 희
발행처 | 동 행
주　소　서울 중구 을지로 14길 16-11
전　화　02-2285-0711　2285-2734
팩　스　02-338-2722
이메일　gonggamsa@hanmail.net

값 12,000원

ISBN | 979-11-5988-038-4